La création d'

RJ Campbell

Writat

Cette édition parue en 2023

ISBN : 9789359250656

Publié par
Writat
email : info@writat.com

Contenu

LA FABRICATION D'UN APÔTRE.

Le Nouveau Testament nous fournit peu de biographie. Même des Évangiles eux-mêmes, nous ne savons pas grand-chose sur la vie réelle de notre Seigneur en dehors de son ministère public. On a dit à juste titre que personne n'a jamais influencé l'histoire du monde à une telle échelle que Jésus de Nazareth, mais il serait impossible d'écrire une vie chronologique du fondateur du christianisme. Ce qui est vrai du Maître l'est également de ses disciples. Nous savons très peu de choses sur les apôtres eux-mêmes ; En dehors de l'œuvre de leur vie consistant à prêcher Christ, les détails de leur situation et de leur fortune sont des plus maigres. Pourtant , à partir de ces matériaux, il vaut la peine d'essayer de retracer l'influence de Jésus-Christ sur ceux par l'intermédiaire desquels il a fondé son Église sur terre. Le choix des apôtres, par exemple, est parfois considéré comme ayant été fait de manière très exceptionnelle ou semi-miraculeuse, que Jésus a convoqué à ses côtés des individus sur lesquels son regard s'est posé pour la première fois, et que ces hommes sont immédiatement devenus les instruments de Son service. Mais en comparant les récits évangéliques , nous découvrons que des histoires de vie très intéressantes pourraient être écrites concernant les hommes qui se sont tenus les plus proches de Jésus pendant son ministère terrestre. Nous constatons, comme on aurait pu s'y attendre, que Jésus s'intéressait activement à eux, que leur vie était façonnée sous son influence comme l'argile entre les mains du potier, qu'il avait un plan avec chacun d'eux et qu'il travaillait patiemment à leur réalisation. c'est qu'il leur appliquait un traitement discriminant et accordait à chacun sa propre valeur individuelle. Le même processus n'est-il pas en cours aujourd'hui encore ? Le Seigneur ressuscité ne continue-t-il pas encore à adresser ses appels aux âmes des hommes ? Nous sentons qu'il valait mieux le penser, et que Celui par qui tous les cheveux de notre tête sont tous comptés donne toujours à Ses serviteurs dans le monde des soins, un intérêt et une attention individuels, façonnant des héros et des saints à partir des matériaux les plus peu prometteurs. et faire des apôtres comme aux jours anciens.

La vie de l'apôtre Pierre est un exemple très suggestif de la manière dont Jésus traite ses serviteurs. En premier lieu, parce qu'il était reconnu comme le chef des Apôtres, ou du moins occupait parmi eux la position la plus éminente, et aussi parce que nous pouvons, par la méthode comparative, tirer des Évangiles suffisamment d'informations pour une histoire. de son caractère, sinon de sa carrière au cours des trois années les plus formatrices de sa vie.

SIMON RENCONTRE JÉSUS.

Nous avons la chance de posséder un récit de la première fois où Simon, le pêcheur galiléen, rencontra Jésus de Nazareth. On nous dit (Jean 1. 35-42) qu'immédiatement après le baptême de Jésus, et donc avant le début de son ministère public, Jean-Baptiste fit une déclaration semi-publique selon laquelle il était le Saint d'Israël tant attendu. Ses paroles, telles que rapportées dans le quatrième évangile, sont : « Je ne le connaissais pas ; mais celui qui m'a envoyé baptiser d'eau, m'a dit : Celui sur qui vous verrez l'Esprit descendre et demeurer sur lui, c'est celui-là même qui baptise du Saint-Esprit. Et j'ai vu et j'ai rendu témoignage que celui-ci est le Fils de Dieu. » À l'exception de la mère de Jésus, Jean-Baptiste semble avoir été la seule personne qui, à cette époque particulière, était parfaitement convaincue, sans une parole de Jésus lui-même, que le Messie tant attendu était apparu. Sa déclaration que je viens de citer doit avoir été faite en présence d'un certain nombre de ses disciples, mais avec quel effet on ne nous le dit pas.

En un sens, le ministère de Jésus commence avec la déclaration de Jean, et il faut donc attacher une certaine importance à l'historicité du récit. Si Jean reconnaissait , comme nous sommes en droit de le penser, que Jésus était la personne même dont l'avènement avait été sa mission d'inaugurer, alors le propre travail de Jésus a dû, dans ses premières étapes, avoir été grandement simplifié. Il ne pouvait y avoir aucune possibilité de rivalité entre les enseignants, ni aucune nécessité pour Jésus d'imiter exactement la procédure de Jean et de commencer sans accréditation le travail d' évangélisation d'un peuple insensible. Jean avait préparé l'esprit de ses disciples les plus spirituels et les plus sérieux à une révélation telle que celle que Jésus était sur le point de donner. Nous pouvons dire sans irrévérence que notre Seigneur s'est approprié les résultats de la prédication de Jean. Ce dernier a vu sans jalousie ni inquiétude le départ de ses meilleurs disciples au côté de Jésus, et sa propre déclaration magnanime en vue de ce changement l'a élevé à un sommet élevé dans l'estime de la chrétienté : « Il faut qu'il grandisse, mais je dois diminuer." Son travail n'était pas nécessairement terminé lorsque Jésus arriva sur scène. Le prophète austère et au cœur noble a pu continuer à faire de son mieux pour préparer le chemin, fortifier les mains de Jésus, remuer les cœurs et éveiller les susceptibilités spirituelles de ses compatriotes. Quel dévouement majestueux !

Il n'est pas surprenant que des tentatives aient été faites à intervalles réguliers pour discréditer le récit évangélique du lien étroit entre Jean et Jésus dans la doctrine et la vie de disciple. M. Rénan ,[1] par exemple, considère l'annonce messianique comme antihistorique. Il pense que l'histoire est suffisamment réfutée par le fait que Jean a ensuite envoyé demander si Jésus était réellement le Messie promis. (Matt. xi. 2 *et suiv.* , Luc VII. 18 *et suiv.*) L'enquête de Jean dans ce cas était certainement très péremptoire. "Es-tu le Christ, ou en cherchons-nous un autre?" Mais une explication facile se trouve dans l'histoire de la période qui s'étend entre la proclamation messianique après le baptême et la date de sa propre arrestation et de son emprisonnement. L'idée de Jean concernant la messianité ne s'accordait pas exactement avec celle de Jésus. Il fut surpris de constater que Jésus continuait tranquillement à prêcher et à guérir, ne disant que peu ou rien de ses propres revendications personnelles, et n'assumant ni état ni suite. Cette façon de procéder a intrigué le fougueux prophète qui avait prédit un Messie plus puissant que lui, qui impressionnerait l'imagination du monde et qui rendrait à chacun selon ses actes. La démarche de Jésus l'a déçu, et peut-être l'a irrité, d'où cette question brusque, qui semble contredire ses assurances au début du ministère de notre Seigneur.

En supposant donc que Jean ait réellement proclamé Jésus comme le Messie, nous devrions nous attendre à ce que cette annonce suscite un très grand intérêt chez ceux qui comprenaient le mieux le Baptiste. Du premier chapitre du quatrième Évangile , nous pouvons déduire que Jean avait une école de disciples auxquels il donnait un enseignement ésotérique. Ces quelques intimes attendaient sans aucun doute avec impatience l'avènement prochain de Celui qui devrait restaurer le royaume d'Israël. Nous ne savons pas combien faisaient partie de ce groupe de passionnés, mais il est plus que probable que tous, ou presque, les noms qui formaient le noyau du premier groupe de disciples de Jésus étaient à l'origine considérés comme des disciples de Jean-Baptiste. . C'était précisément le genre d'hommes vers lesquels Jésus serait attiré et sur lesquels il pouvait compter pour le genre de désintéressement exalté qu'il exigeait d'eux, dans une certaine mesure au moins, dès le début de leur connaissance de lui-même.

Mais pour revenir au récit de cette introduction : « Le lendemain », l'auteur du quatrième évangile continue en disant : « Jean se tenait debout, avec deux de ses disciples ; et il regarda Jésus pendant qu'il marchait, et dit : , Voici l'Agneau de Dieu ! Et les deux disciples l'entendirent parler, et ils suivirent Jésus. Sans doute ont-ils été incités à le faire en raison de l'annonce de la veille. Les disciples de Jean étaient tous bien conscients du fait que Jean était le héraut d'un avenir plus grand. La déclaration de Jean concernant Jésus, déclaration qu'il répéta maintenant à eux seuls, stimula leur vif intérêt, et quittant leur maître, ils suivirent le Nazaréen. L'occasion était facile ; il n'y avait pas de foule, John parlait simplement à ses deux partisans ; Jésus était seul. La séquence des événements était très simple ; Jésus se retourna, les vit suivre et leur demanda ce qu'ils cherchaient. Leur réponse fut la contre-question : « Rabbi, où demeures -tu ? "Venez", dit-il, "et vous verrez." « Ils vinrent donc, continue l'histoire, et virent où il demeurait, et ils restèrent avec lui ce jour-là ; c'était environ la dixième heure. » Nous avons ici un petit récit complet, plein de suggestions belles et naturelles. Ces deux hommes eurent évidemment une longue conversation avec Jésus, peut-être tard dans la nuit, et ne le quittèrent pas le lendemain, sauf dans un but auquel nous devons maintenant nous référer. Une intimité sacrée commença dans ces heures d'association avec le nouveau professeur.

"L'un des deux qui entendirent Jésus parler et le suivirent était André, le frère de Simon Pierre." Qui était l'autre ? Serait-ce l'auteur du quatrième évangile lui-même, Jean le Divin ? Si tel est le cas , nous avons ici le récit du début d'une sainte amitié, dont on parlera aussi longtemps que durera l'Église de Dieu. Jean jouissait du privilège singulier d'être « le disciple que Jésus aimait », même s'il n'était pas celui choisi pour diriger le petit groupe d'adhérents que Jésus laissait derrière lui. Observer cette première mention de Jean le Divin n'est pas une digression, car la vie de l'apôtre Jean est liée d'une manière toute particulière à celle du pêcheur accidenté que Jésus a appelé au premier plan.

Nous ne savons pas pourquoi Andrew et son frère Simon se trouvaient dans ce quartier en ce moment. Ils étaient probablement à Jérusalem dans un but particulier et, avant de retourner en Galilée, ils allèrent écouter Jean-Baptiste, parmi les disciples duquel ils se considéraient comme étant. Andrew l'était certainement, même si son frère ne l'était peut-être pas. Quoi qu'il en soit, la première pensée d'André avant de rentrer chez lui fut d'amener Simon à Jésus. Le récit continue : « Il trouve d'abord son propre frère Simon et lui dit : Nous avons trouvé le Messie. Il l'a amené à Jésus. » Et comme dans le cas de Nathaniel, rapporté dans le même chapitre, Jésus semble avoir anticipé une introduction. L'Évangile dit : « Il le regarda et dit : Tu es Simon, fils de Jean, tu seras appelé *Rocher* ». Sans doute André avait-il dit à Jésus le nom de son frère, et aussi qu'il allait le chercher ; peut-être aussi avait-il fait référence à son caractère impulsif et capricieux, à son instabilité et à son irrésolution. D'autant plus surprenante devait donc être l'accueil que Jésus fit au nouveau venu : "Tu es Simon (que j'attendais). Tu seras appelé *rocher* ." Jésus regardait très loin lorsqu'il accueillit le pauvre et impétueux Simon avec une telle prophétie. Un *rocher* était la toute dernière chose au monde à laquelle il serait susceptible de ressembler par son caractère. Le nouvel Instructeur voyait évidemment en lui des possibilités que tout le monde , y compris lui-même, avait ignorées auparavant.

C'est donc la première rencontre de Simon avec Jésus, le début d'une formation qui devait lui donner une destinée que les grands de la terre pourraient bien lui envier. Il lui fut donné de voir un jour que beaucoup de prophètes et de justes avaient désiré voir et n'avaient pas vu. Dans cet homme apparemment banal qui vivait peut-être une vie grossière et pécheresse, Jésus avait découvert, sans le dire, sauf dans une prophétie générale, le prince des Apôtres, le chef de l'Église qui devait être.

[1] « Vie de Jésus », p. 156.

L'APPEL AU SERVICE.

Nous pouvons supposer que la connaissance de Pierre avec notre Seigneur s'est poursuivie pendant un certain temps avant qu'il ne soit appelé au service effectif. Les Synoptistes se réfèrent tous à cet appel, mais avec certaines différences de détail. La première mention de Simon par Matthieu (iv. 18) se produit en relation avec son récit du début du ministère de prédication de Jésus. Il nous dit qu'après la tentation, notre Seigneur est allé vivre à Capharnaüm. Nous savons peu ou rien de ses mouvements, sinon qu'il commença à prêcher et que la substance de son exhortation était : « Repentez-vous, car le Royaume des Cieux est proche ! » Beaucoup de choses sont cependant suggérées ici. Capernaüm était la maison de Simon, et en reconstituant le récit dans Jean I . avec cela dans Matthieu iv. nous sommes fondés à penser qu'après avoir fait la connaissance d'André et de Simon à Bethabara, au-delà du Jourdain, Jésus les accompagna en Galilée et continua son association avec eux en termes d'intimité, *voir* Jean 1er . 43, Jean II. *et suiv.* Jean II. 12. Le séjour de Jésus à Capharnaüm n'était pas destiné à être permanent, comme nous le voyons dans Jean ii. 12. Il est fort possible que cela n'ait été entrepris que dans le but de resserrer les relations entre lui et les deux frères dont il avait fait la connaissance par l'intermédiaire de Baptiste. Dans Matth. iv. 18 nous sommes informés que « marchant au bord de la mer de Galilée, il aperçut deux frères, Simon et André, son frère, jetant un filet dans la mer, car ils étaient pêcheurs. Et il leur dit : Venez après moi, et je ferai vous, pêcheurs d'hommes. Et aussitôt ils quittèrent les filets et le suivirent.

Mais pour les considérations présentées ci-dessus, nous pourrions imaginer que c'était la première fois que Jésus voyait Pierre. Mark et Luke sont plus explicites, Luke en particulier. Dans Marc I . 16, c'est-à-dire très tôt dans cet évangile particulier, nous lisons qu'après la livraison de Jean, Jésus entra en Galilée. " Et passant près de la mer de Galilée, il vit Simon et André, le frère de Simon, jetant un filet dans la mer, car ils étaient pêcheurs. Et Jésus leur dit : Venez après moi, et je vous ferai *devenir* pêcheurs d'hommes. » Lorsque nous nous souvenons que l'Évangile de Marc est en réalité l'Évangile de Pierre, écrit selon toute vraisemblance sous sa direction, nous sommes préparés à l'introduction précoce de l'appel du premier apôtre. Une connaissance antérieure est ici clairement présumée. Mark déclare avec sa simplicité et sa vivacité habituelles : « Il a vu Simon. » La présomption est que Simon était déjà bien connu de Jésus, et le fait que les deux frères aient quitté leurs filets et l'aient suivi n'est pas si merveilleux si l'on considère que leur amitié avec Jésus était déjà bien établie et leur croyance en son autorité confirmée par leur connaissance croissante de Lui-même.

C'est cependant vers Luc que nous devons nous tourner pour obtenir un récit circonstanciel de la crise évoquée si brièvement par Matthieu et Marc. Sous la direction de Luc, nos conjectures quant aux relations sexuelles entre Jésus et Simon deviennent des certitudes. Dans Luc IV. 38 on nous dit qu'après avoir prêché dans la synagogue de Capharnaüm, il entra dans la maison de Simon. Il guérit la mère de la femme de Simon, qui souffrait de fièvre. Cela semble avoir été un miracle parmi tant d'autres du même genre ce jour-là ; Il est possible que la nouvelle en soit sortie : « Et, » poursuit Luc, « au coucher du soleil, tous ceux qui avaient des malades atteints de diverses maladies les lui amenèrent ». De toute évidence, Jésus est ici un hôte familier dans la maison de Simon et en fait son quartier général.

Dans le chapitre suivant (Luc v. 1-11), nous avons le récit de Luc sur l'appel au service et les circonstances qui y ont conduit. Jésus, en tant qu'invité d'honneur , semble avoir utilisé non seulement la maison de Simon, mais aussi son bateau de pêche. Ce bateau de pêche lui fournissait parfois une chaire à partir de laquelle il pouvait s'adresser aux foules qui bordaient le bord de la mer. À une de ces occasions, alors qu'il avait fini de parler, il demanda à son hôte de s'avancer au large. Simon l'a fait, pensant sans doute que le nouveau Maître avait besoin de s'évader et de se reposer après ses longs efforts. Mais Jésus avait un autre motif que celui-là. Simon avait été obligé d'attendre son bon plaisir pendant qu'il prêchait ; il était resté dehors toute la nuit précédente pour exercer son métier et était sans aucun doute las et épuisé. Jésus savait tout cela et avait l'intention de l'aider. Sous sa direction, Simon jeta son filet pour une potion, expliquant cependant, ce faisant, qu'il n'espérait aucun résultat pendant la journée puisqu'il n'avait rien pris pendant les heures d'obscurité. Il a baissé les filets simplement pour plaire à Jésus, auquel il était devenu, à cette époque, très attaché. Le résultat fut une pêche miraculeuse.

L'effet sur Simon de cette démonstration bienfaisante de la puissance surhumaine de Jésus fut écrasant. Son caractère impulsif s'est immédiatement manifesté. Il se jeta aux pieds de son Maître avec la requête inconsidérée mais sincère née du sentiment du moment : « Éloigne-toi de moi, car je suis un homme pécheur, ô Seigneur !

Quelle était la raison de cet étrange éclat ? La pêche miraculeuse des poissons ne suffisait pas à elle seule à l'expliquer ; c'était l'occasion mais non la cause de l'action de Pierre. Une meilleure manière de l'expliquer serait d'essayer de former une appréciation sympathique du fonctionnement de l'esprit de ce pêcheur grossier sous l'influence de sa courte connaissance de Jésus de Nazareth. Comme d'autres de sa classe, Simon avait très probablement été, jusqu'au jour où André le présenta à Jésus, indiscipliné et grossier. Il pensait peut-être très peu aux choses élevées et saintes, et pourtant, comme cela arrive souvent dans une nature grossière mais généreuse, il éprouvait un respect instinctif pour la bonté chaque fois qu'il la voyait incarnée chez autrui. Il fut attiré vers Jésus par l'affirmation d'André selon laquelle il était le Messie. Dans l'intimité croissante des rapports sexuels ultérieurs , il a dû sentir que Jésus était le meilleur homme qu'il ait jamais rencontré. Jésus est venu comme une bénédiction dans la maison de Simon. Sa simple présence a dû éveiller les meilleurs sentiments latents dans le cœur du pêcheur bruyant. Simon en est venu à aimer Jésus et il a sans aucun doute écouté avec un intérêt simple et impressionné les paroles qu'il avait l'habitude d'adresser aux foules depuis le point d'observation du bateau de Simon. Jésus l'a découvert : il a vu à quel point sa propre vie et ses idéaux étaient pauvres, mesquins et insatisfaisants par rapport au caractère de cet auguste étranger.

À ces considérations, Jésus en ajouta une autre. Par pure prévenance et bonté envers Simon, il lui avait demandé de prendre la mer et de jeter ses filets, et le pauvre Simon, totalement au dépourvu, voyait maintenant que chez son ami et hôte se combinaient à la fois une bonté merveilleuse et une puissance merveilleuse . . Le premier sentiment de Simon fut qu'il voulait s'éloigner de lui, qu'il était totalement inapte à être en présence d'un tel Être et, comme le centurion par la suite, qu'il n'était pas digne qu'il vienne sous son toit. Le cri : « Éloignez-vous de moi ! signifiait sans aucun doute : « Quittez ma maison. Ne restez plus avec moi . Je suis inapte à un tel privilège, indigne d'une telle compagnie. Choisissez-en un autre et un meilleur associé, car je suis un homme pécheur !

Nous sommes redevables à Luc pour ce récit circonstanciel d'un événement important dans la vie d'un homme intéressant. Certaines personnes pensent que Luc a confondu cette histoire avec celle similaire enregistrée dans Jean XXI. Inutile de le penser, la scène se termine très naturellement. Matthieu et Marc omettent de dire comment Jésus est venu appeler Simon et André, Jacques et Jean. Selon leur brève déclaration, Jésus les vit jeter un filet dans la mer ; selon Luc, c'est Lui qui leur a dit de jeter ce filet. La confession et la demande de Simon lui fournirent une nouvelle opportunité : « Ne crains rien, dit-il, désormais tu attraperas des hommes. Et quand ils eurent amené leurs bateaux à terre, ils quittèrent tout et le suivirent
.

Nous voyons dans cette belle séquence d'actions que Jésus a accordé beaucoup de tendresse et de soin à la formation des hommes qui devaient le servir dans l'œuvre d' évangélisation du monde. Sa prophétie concernant Simon lors de leur première rencontre, il s'est efforcé de l'accomplir. Pierre n'était alors pas prêt à être appelé, et Jésus ne l'a pas non plus appelé ; sans expliquer ce qu'il voulait dire, il prononça une prophétie concernant le caractère futur de Simon que personne d'autre que lui ne pouvait comprendre. Il a accueilli favorablement l'aveu d'indignité de Simon comme la première condition pour atteindre ce caractère. Simon était apte à être utilisé dans la mesure où il réalisait sa propre inaptitude. "Je suis un homme pécheur", telle est la déclaration qui lui a permis de se lever et de devenir un sauveur .

PREMIÈRE MISSION DE SIMON EN TANT QUE PRÉDICATEUR.

Bientôt, il devint nécessaire pour notre Seigneur de faire une sélection parmi le nombre de ses disciples, de ceux qui devaient le représenter et être revêtus de son autorité, après que sa présence visible eut été retirée de l'Église naissante. Dans Matthieu X, Marc III et Luc VI, nous avons les récits évangéliques de la nomination des apôtres. Le choix fut fait très solennellement, le Maître « resta toute la nuit en prière à Dieu, et quand le jour fut venu , il appela ses disciples ; et il en choisit douze, qu'il nomma également apôtres ». Dans ce petit groupe, Simon avait droit à une place particulière. Dans les listes données successivement par les Synoptistes, le nom de Simon figure toujours en tête. Matthieu s'ouvre particulièrement par les mots distinctifs : « Mais d'abord, Simon, appelé Pierre ». La préséance de Simon était évidemment le souhait de Jésus lui-même. Les Douze l'acceptèrent d'ailleurs sans hésitation ; Simon est presque toujours leur porte-parole. Si jamais Jésus avait l'occasion de poser une question à tous, Simon répondait généralement au nom des autres. Le seul cas où sa direction fut contestée fut lors de la rivalité avec les fils de Zébédée. Mais c'est à cela que nous devons faire référence maintenant.

Les apôtres nouvellement nommés étaient maintenant envoyés en mission de prédication ; leur tâche était d'annoncer l'avènement de Jésus lui-même dans les régions où il était sur le point de venir. Leur thème devait être : « Le Royaume des Cieux est proche ». Certains pouvoirs miraculeux leur furent conférés ; ils devaient guérir les malades, purifier les lépreux, ressusciter les morts, chasser les démons. Ils devaient voyager sans or ni argent ; ils ne devaient pas prendre deux manteaux, ni des chaussures, ni un bâton, mais devaient se fier à l'hospitalité de ceux à qui ils prêchaient. Ils devaient se considérer comme des brebis envoyées au milieu des loups ; ils devaient être sages comme des serpents et inoffensifs comme des colombes. Ils devaient s'attendre à la persécution ; et ici leur Maître préfigurait ce qui devait se produire longtemps après, à savoir qu'ils devaient s'attendre à être amenés devant des gouverneurs et des rois à cause de lui et pour témoigner au monde païen. Ils ne devaient pas être trop inquiets quant à la forme de leur message ; "car", dit Jésus, "ce n'est pas vous qui parlez, mais l'esprit de votre Père qui parle en vous." Ils ne devaient pas craindre l'opposition, il leur était demandé d'avoir un grand courage et une foi simple. Ils devaient se soumettre dans la plus totale obéissance et soumission au chef au service duquel ils étaient désormais enrôlés. Jésus s'attendait à être l'intérêt suprême dans leur vie. Il a demandé une dévotion qui ne recule devant aucun sacrifice, atteignant le point culminant de son exhortation dans la déclaration que "Celui qui ne prend pas sa croix et ne me suit pas n'est pas digne de moi.

Celui qui retrouve sa vie la perdra , et celui qui perdra sa vie à cause de moi la retrouvera. »

Ce voyage de prédication fut la première épreuve de Simon dans le travail du ministère. Jésus ne l'avait pas seulement appelé , il lui avait donné du travail. Ce n'était qu'un simple devoir, mais l'accomplissement fidèle de cette obligation préliminaire devait peu à peu conduire à de plus grandes choses. Il ne fait aucun doute que l'intention de Jésus était de mettre ainsi à l'épreuve les hommes qu'il avait convoqués à ses côtés. Cette tournée de prédication marqua le humble début des jours héroïques de l'Église primitive.

SIMON RECONNAÎT QUE JÉSUS EST LE CHRIST.

Jusqu'à présent , notre Seigneur semble avoir peu ou rien dit à ses disciples concernant sa propre personnalité. Il devait avoir certaines raisons pour cette démarche, la principale étant sans aucun doute qu'il hésitait à susciter des attentes erronées dans l'esprit de ses disciples. Ils cherchaient un héros, le Messie, un grand libérateur, un prince laïc. Jésus savait par expérience combien il est extrêmement difficile de changer le point de vue d'un homme ou de déloger une préjugés de son esprit. C'est pourquoi il préféra laisser son caractère produire sa propre impression et, à partir de ce nouveau terrain, élever les idées des hommes sur leur les fonctions du Messie. Son ministère aurait été gravement mutilé par toute insistance prématurée sur ses prétentions surnaturelles ; en fait, le danger n'a été que de peu évité dans certaines occasions. À une époque, le peuple l'aurait pris de force pour en faire un roi, à une autre époque, il l'accueillait à Jérusalem avec des hosannas. On l'appelait souvent le Fils de David, description applicable uniquement au Christ, comme le montre clairement la réponse immédiate des pharisiens à sa propre question lors d'une occasion critique. « Que pensez-vous du Christ ? De qui est-il le fils ? Ils répondirent sans hésitation : « Le Fils de David ». Jésus ne souhaitait pas cacher ses prétentions, mais d'un autre côté, il prenait soin de ne pas éveiller des idées fausses quant à son véritable caractère en les déclarant. Cette réticence a beaucoup intrigué les chefs religieux, comme en témoigne leur exigence quelque peu péremptoire : « Jusqu'à quand nous fais-tu douter ? Si tu es le Christ, dis-le-nous clairement.

Avec les disciples eux-mêmes, Jésus suivit la même voie, car ils étaient exposés au même danger, celui de mal comprendre la véritable nature du messianisme. Combien de temps il s'est abstenu de parler clairement sur le sujet, nous ne pouvons pas le déterminer ; mais quelque temps après le retour des apôtres de la mission de prédication, il crut que le moment était venu d'obtenir d'eux une théorie sur sa personne. Un jour, alors qu'il traversait les villages de Césarée de Philippe, il posa soudain à ses disciples la question : « Qui, disent les hommes, suis-je ? » Et ils répondirent : « Certains disent Jean-Baptiste, certains Élie, et d'autres un des prophètes. » Jésus poursuivit son interrogatoire par une enquête plus approfondie : « Mais qui dites- *vous* que je suis ? Matthieu, Marc et Luc[1] sont tous d'accord pour dire que Pierre a fourni la réponse souhaitée : « Tu es le Christ, le Fils du Dieu vivant ». Le récit de Matthieu est le plus circonstanciel et donne le plus clairement l'impression que Jésus était satisfait de la réponse. Ses paroles de félicitations à Simon à cette occasion sont une extension remarquable de la prophétie contenue dans sa première salutation telle qu'elle est exposée dans Jean 1er .

42. La version de Matthieu est : « Bienheureux es-tu Simon Bar- Jona , car ce n'est pas la chair et le sang qui te l'ont révélé, mais mon Père qui est aux cieux. Et je te dis aussi que tu es Pierre, et sur ce rocher je le ferai. bâtis mon Église, et les portes de l'Hadès ne prévaudront pas contre elle. Je te donnerai les clés du royaume des cieux, et tout ce que tu lieras sur la terre sera lié au ciel, et tout ce que tu délieras sur la terre sera délié au ciel."

À partir de ce moment, Simon le pêcheur se confond avec l'Apôtre Pierre. Sa formation avait maintenant atteint un point où ses perceptions spirituelles étaient aiguisées et sa foi en Jésus avait conduit à l'éjaculation qui est l'article fondamental du credo de la chrétienté. La référence de Jésus à Simon à cette occasion a quelque peu progressé depuis le jour de leur première rencontre. Puis il avait déclaré : « Tu *seras appelé* rocher », maintenant il affirme : « Tu es béni. Tu as été instruit de Dieu ; tu *es* un rocher, et sur ce rocher je bâtirai mon Église. » C'était là une haute distinction pour le premier apôtre ; un mandat lui était confié, la tutelle de l'Église nouvellement formée, et il ne pouvait en aucun cas prévoir ce que cela implique lui-même à ce moment particulier. Il lui faudra encore beaucoup de discipline avant de devenir apte à assumer cette grande responsabilité. Il ne recule probablement pas devant la tâche, car il n'en connaît pas l'ampleur, et il n'est pas non plus modeste quant à ses propres qualifications pour l'accomplir, comme nous le verrons bientôt. L'échec et l'humiliation doivent lui apprendre que suivre Jésus est un chemin de croix, que la puissance pour le devoir réside non pas dans l'Apôtre Pierre mais dans le Christ qui a donné la mission et dans le Père qui lui a révélé la vérité. sur le Fils de Dieu.

La période dans laquelle nous nous penchons maintenant fut une période de hauts et de bas spirituels pour l'apôtre Pierre. Il semble avoir été trop facilement exalté, mais tout aussi facilement humilié. Il commençait maintenant à ressentir son importance et était sans doute quelque peu exalté en esprit par les éloges emphatiques de notre Seigneur à son égard en présence des Douze. Il avait déclaré que Jésus était le Christ, mais un Christ qui avait appris l'obéissance par la souffrance lui était encore impensable. Cette perception grossière est l'explication de l'erreur dans laquelle il est immédiatement tombé. A peine Jésus eut-il obtenu la déclaration qu'il était lui-même le Christ qu'après avoir chargé ses disciples de ne rien dire à personne à ce sujet, il commença à leur enseigner la vraie nature de la messianité. Dans leurs différents récits de ce qui suit, les synoptistes diffèrent un peu. Matthieu (XVII, 21) implique qu'un certain temps s'est peut-être écoulé avant que Jésus ne commence à instruire systématiquement ses disciples concernant sa vocation et sa mort. Luc (ix. 22) déclare qu'il a immédiatement continué, au cours de la même entrevue, à les préparer à son humiliation, à sa honte et à sa mort à venir. Luke – qui, comme le remarque le Dr Bruce, épargne toujours les Douze – ne dit rien d'une éventuelle interférence ultérieure de Peter dans la conversation.

C'est vers Mark que nous devons nous tourner cette fois pour obtenir le récit le plus clair de ce qui s'est passé. Pierre, en tout cas, ne se ménage jamais dans ses récits. Au chapitre VIII. 31, Marc nous dit qu'après l'aveu de Pierre : « Tu es le Christ », Jésus commença à leur enseigner que « Le Fils de l'homme devra souffrir beaucoup de choses, et être rejeté par les anciens, les principaux sacrificateurs et les scribes, et être mis à mort. , et après trois jours, ressuscitez. Il est à noter que dans cet Évangile, Pierre ne dit pas un mot sur la bénédiction et la promesse extraordinaires qui lui ont été accordées en conséquence de sa reconnaissance de la messianité de Jésus. Il nous raconte cependant fidèlement et humblement la sévère rebuffade qu'il a reçue pour sa présomption. Il était vraiment désolé d'entendre Jésus prédire ses propres souffrances et sa mort. Un tel sort ne correspondait pas du tout à l'idée que Pierre se faisait de la destinée du Christ. Il ne pouvait pas le comprendre, et nous pouvons supposer qu'il aimait trop Jésus pour accepter qu'il souffre quoi que ce soit, que ce soit l'humiliation, le rejet ou l'échec. Il n'était pas non plus prêt à croire que sa nouvelle primauté sur les apôtres n'entraînerait rien de mieux qu'une tragédie et une défaite. Il s'est longtemps accroché, comme nous le verrons, à la notion d' honneur et d'avancement mondains. De telles récompenses, il les considérait comme étant dans l'ordre naturel des choses ; ils étaient le résultat de sa préconception des fonctions du Christ de Dieu.

Peut-être aussi Pierre se sentait-il quelque peu exalté et suffisant à cause des paroles que Jésus venait de lui adresser, et se vantant de son privilège exceptionnel, il entreprit le devoir de réprimander son Maître. Car, nous dit Marc, « Pierre le prit et commença à le réprimander ». Une sévère réprimande a suivi. "Jésus se retourna et, voyant ses disciples, réprimanda Pierre et dit : Va derrière moi, Satan, car tu ne te soucies pas des choses de Dieu mais des choses des hommes." Matthieu ajoute que Jésus a également dit : « Tu es pour moi une pierre d'achoppement. » Luke omet gentiment toute référence à ce moment douloureux. Ainsi, en quelques instants, Pierre obtint un grand succès spirituel et se rendit coupable d'une erreur non spirituelle : il fut exalté et humilié, félicité et réprimandé. Quelques jours plus tard , il se souvint avec une netteté particulière de son manque du véritable esprit à cette heure et, par l'intermédiaire de Marc, reproduisit donc fidèlement pour l'Église du Christ le récit de son abaissement bien mérité. Les trois synoptistes concluent leur récit de cette scène en répétant la grande parole de Jésus : « Si quelqu'un veut venir après moi, qu'il renonce à lui-même, qu'il prenne sa croix et qu'il me suive. Car celui qui veut sauver sa vie la perdra, et celui qui veut sauver sa vie la perdra. perdra sa vie à cause de moi et celle de l'Évangile la sauvera. Car à quoi sert-il à un homme de gagner le monde entier et de perdre sa vie

? Car que devrait-il donner en échange de sa vie ? La plupart d'entre nous trouvent cette leçon aussi difficile à apprendre que Peter, apparemment.

L'éminence singulière de la religion de Jésus dépend d'une juste compréhension du principe qui vient d'être illustré. La vie chrétienne est et doit être un *chemin de croix*, mais en même temps le chemin qui mène à la vie. Le principe de mourir pour vivre tel qu'énoncé par le Christ diffère de celui même de ses plus grands prédécesseurs dans la mesure où il reconnaît que la véritable joie est conditionnée par l'auto-crucifixion. La nature humaine a mis du temps à comprendre la leçon. Le grand renoncement de Gautama Bouddha, par exemple, consistait dans la répression de l'individualité et la destruction des désirs naturels. L'effet de son système fut négatif ; la vie supérieure devait être une vie d'auto-suppression, une chose très différente, sûrement, de l'auto-crucifixion. Gautama a placé l'idéal dans le fait de cesser de vivre ; Le Christ, quant à lui, a enseigné à ses disciples à vivre plus profondément, plus véritablement et plus grandiosement qu'auparavant. Suivre Jésus, maintenant comme toujours, signifie ressentir plus et non moins, ajouter à la somme de nos intérêts et ne pas leur enlever, élever le niveau de nos espérances, non pas le déprimer. Comme Gautama, Il appelle au renoncement, mais ce renoncement est la porte d'entrée vers une vie plus grande. La joie solennelle de l'expérience chrétienne ne trouve d'équivalent dans aucun autre enseignement que le monde ait jamais reçu. Comment pouvons-nous être surpris que les ascètes et les hédonistes, au sein même de l'Église chrétienne, se soient si souvent et lamentablement trompés sur l'esprit de l'enseignement de leur Maître ? L'idéal de Thomas à Kempis, malgré sa beauté, n'est pas plus celui de Jésus que ne l'était l'idéal de Gautama. Avec quelle lenteur les hommes apprennent que la paix et la tribulation, la joie et la souffrance, la joie et la Croix ne sont pas incompatibles, mais sont les conditions mêmes l'une de l'autre !

Avant de rendre visite à Pierre avec nos censures en raison de sa réticence indubitable à accepter la vision de la croix du Christ, prêtons attention à nous-mêmes. Les mêmes erreurs peuvent prendre des formes très différentes. Pour beaucoup d'entre nous, l'idéal de félicité humaine que nous appelons chrétien est essentiellement païen. Nos actions de grâces le montrent. Nous sommes reconnaissants à Dieu pour les troubles évités, le bonheur préservé, la fortune assurée ; nous supposons tacitement que le contraire de ces choses aurait été un mal. Nous louons la bonté de Dieu en nous protégeant du fâcheux et du calamiteux, et bien que cela puisse sembler à peine utile de le dire, certains personnages naturellement aimables avec un penchant pour les choses saintes ont perdu leur foi et leur douceur en même temps. temps avec l'arrivée du chagrin. Loin de moi l'idée d'insister sur le fait que les hommes devraient cesser de remercier Dieu pour la douceur et la joie de la vie, mais si nous insistons ici et refusons de prendre la croix lorsqu'elle nous est présentée, nous nous sommes coupés de la réalisation . de ce bien le plus élevé, qui est de connaître la communion des souffrances du Christ. « La porte est étroite et le chemin étroit est le chemin qui mène à la vie, et rares sont ceux qui le trouvent. » Si la vérité claire du lien nécessaire entre l'assomption de la croix et l'obtention de la vraie béatitude devait être comprise par ceux qui cherchent à suivre le Christ, il y aurait moins de tristes échecs si souvent apparents chez ceux qui sont déçus par le Christ. résultat de leur foi en Dieu.

> Je crois que ce que vous appelez confiance
> était, au mieux, une illusion personnelle : car, voyez-vous !
> Tant que Dieu aurait la bonté de vous tracer un chemin et de
> vous protéger du monde, vous procurerait une exemption
> complète du sort de l'homme, des espoirs communs et de
> l'homme. vos craintes, sous le simple prétexte de votre
> engagement à son service, vous accordent une licence
> illimitée , font de vous Dieu, en fait,
> et transforment votre esclave, vous vous contentiez de dire
> les louanges les plus courtoises ! Qu'est-ce finalement que
> l'égoïsme sans exemple ? Personne ne pourrait retracer la
> volonté de Dieu aussi clairement que vous, tandis que la
> vôtre y restait implicite ; mais maintenant vous échouez, et
> nous, qui bavardons sur cette Volonté, sommes des imbéciles
> ! En bref, le service de Dieu est établi ici comme Il le
> détermine, et non votre voie, et vous ne pouvez pas tolérer
> cela [2].

La remontrance de Pierre ici n'est qu'un exemple d'un sentiment humain très courant à l'égard des choses de Christ. Il montrait une certaine immaturité de caractère et une certaine grossièreté de perception qui, malgré sa véritable affection pour son Maître, le disqualifiaient à ce stade de Le comprendre.

[1] Mat. XVI. 16, Marc VIII. 29, Luc ix. 20.

[2] Browning, « Paracelse ».

SIMON PIERRE EST TÉMOIN DE LA TRANSFIGURATION.

À la fin de la conversation mentionnée ci-dessus, notre Seigneur a déclaré : « Il y en a ici quelques-uns qui ne goûteront en aucun cas la mort jusqu'à ce qu'ils voient le royaume de Dieu venir avec puissance. » Environ une semaine après cette promesse — Marc dit « six jours » et Luc « environ huit jours » — « Jésus prit avec lui Pierre, Jacques et Jean, et partit avec eux seuls sur une haute montagne, et il fut transfiguré devant eux. " Matthieu (chapitre XVII) dit que « son visage brillait comme le soleil et ses vêtements devenaient blancs comme la lumière ». Luc déclare magnifiquement que « pendant qu'il *priait,* la forme de son visage changea et son vêtement devint blanc et éblouissant. Et voici, deux hommes, Moïse et Élie, apparurent dans la gloire et parlèrent de son décès, qui lui parlèrent . Il était sur le point d'accomplir à Jérusalem. Les trois apôtres risquaient de manquer la vision, car, comme cela arriva ensuite à l'heure de son agonie, ils dormaient, ou du moins étaient « alourdis de sommeil ». Cependant, comme Luc continue, "quand ils furent complètement éveillés , ils virent sa gloire et les deux hommes qui se tenaient à ses côtés". Les trois Galiléens furent impressionnés par ce spectacle et Pierre, perturbé, se lança en proposant de construire trois tabernacles. Marc dit : « Il ne savait pas quoi répondre, car ils avaient très peur. » Matthieu écrit que : « Pendant qu'il parlait encore, voici, une nuée brillante les éclipsa ; et voici, une voix sortit de la nuée, disant : Celui-ci est mon Fils bien-aimé, en qui j'ai toute mon affection ; écoutez-le. Et quand Les disciples l'entendirent, ils tombèrent sur leur face et furent très effrayés. Et Jésus vint et les toucha, et dit : Levez-vous, et n'ayez pas peur. Et levant les yeux, ils ne virent personne, sauf Jésus seulement. Dans la deuxième épître de Pierre (i . 16-18), nous avons un autre récit, prétendant, en effet, être la déclaration directe de Pierre lui-même, concernant cette vision extraordinaire. Il dit : « Car nous n'avons pas suivi des fables astucieusement conçues lorsque nous vous avons fait connaître la puissance et l'avènement de notre Seigneur Jésus-Christ, mais nous avons été témoins oculaires de sa majesté. Car il a reçu de Dieu le Père honneur et gloire, quand il Une telle voix lui vint de l'excellente gloire : Celui-ci est mon Fils bien-aimé, en qui je me complais ; et cette voix, nous l'entendîmes nous-mêmes venir du ciel, lorsque nous étions avec lui sur la montagne sainte.

Alors qu'ils descendaient de la montagne, Jésus « leur ordonna de n'en parler à personne jusqu'à ce qu'il soit ressuscité des morts ». Et selon Marc, "ils gardèrent ce dicton, se demandant entre eux ce que signifiait la résurrection d'entre les morts". Il est évident que même à ce stade, Pierre était incapable de réaliser que son Maître allait réellement être crucifié et tué.

Nous ne pouvons que regretter que l'effet immédiat de cette vision glorieuse sur Pierre, Jacques et Jean semble avoir été une tendance à l'arrogance et à l'ambition. Nous avons maintenant des indices d'une division dans le cercle apostolique entre les adhérents de Pierre et ceux de Jacques et de Jean. Pierre et les fils de Zébédée deviennent désormais rivaux pour la suprématie ; ils avaient été ensemble témoins de la Transfiguration, prétendu avant-goût de la gloire terrestre de leur Maître qui allait bientôt apparaître. Mark est notre principale autorité pour cette supposition, et nous pouvons être sûrs que dans son récit nous avons le souvenir de Peter de la véritable séquence des scènes et des incidents. Après son récit de la prophétie de Jésus concernant sa propre mort, il continue : « Et ils arrivèrent à Capharnaüm. Et quand il fut dans la maison, il leur demanda : Pourquoi raisonniez-vous sur le chemin ? Mais ils se turent : car ils avaient Il se disputa sur le chemin pour savoir qui était le plus grand. Et il s'assit et appela les douze ; et il leur dit : Si quelqu'un veut être le premier, il sera le dernier de tous et le serviteur de tous. Et il prit un petit enfant, et le plaça au milieu d'eux ; et le prenant dans ses bras, il leur dit : Celui qui recevra un de ces petits enfants en mon nom, me recevra ; et celui qui me recevra ne recevra pas moi, mais celui qui m'a envoyé." Luc, en moins de mots, confirme cette histoire ; Matthieu y fait une très brève référence, sans rien dire du différend.

Marc et Luc ajoutent une référence à un autre incident qui nous donne un aperçu de l'état d'esprit de celui qui est devenu le « disciple bien-aimé ». "Jean lui dit : Maître, nous avons vu quelqu'un chasser les démons en ton nom, et nous le lui avons interdit, parce qu'il ne nous suit pas. Mais Jésus lui dit : Ne l' interdisez pas, car celui qui n'est pas contre vous est pour vous. ". (Marc ix. 38-40, Luc ix. 49-50.) Luc joint une autre déclaration concernant les deux fils de Zébédée qui, en compagnie de celle qui vient d'être mentionnée, nous amène à laisser entendre que les trois apôtres les plus favorisés étaient à ce moment- là . temps dans un état d'esprit où tenaient compagnie l'arrogance, l'ambition et l'intolérance. Jésus et ses disciples s'étaient vu refuser l'hospitalité dans un village samaritain, et Jacques et Jean ont demandé à pouvoir imiter Élie et à faire descendre le feu du ciel pour les consumer. Leur Maître les réprimanda aussitôt, ajoutant avec regret (car il devait avoir vu très clairement comment les choses se passaient dans son entourage) : « Vous ne savez pas de quel esprit vous êtes animés. Car le Fils de l'homme n'est pas venu pour détruire la vie des hommes, mais pour les sauver." Marc (x. 35-45) raconte un autre incident du même genre dans lequel Jacques et Jean ont fait une demande de préséance, demandant, en raison de leur intimité avec Lui, qu'il leur soit donné de s'asseoir, celui à sa droite. , et l'autre à sa gauche, dans son Royaume. Jésus a répondu à juste titre : « Vous ne savez pas ce que vous demandez. » Matthieu (xx, 20) dit que la mère des fils de Zébédée préféra leur demande, et que les dix « furent émus d'indignation au sujet des deux frères ». Jésus a été très patient avec eux. Au-delà de leur désir insensé, Il a prophétisé qu'ils devraient effectivement boire de sa coupe et se faire baptiser de son baptême, et a terminé par une exhortation générale aux douze à mettre de côté l'ambition, en disant : « Celui qui veut être grand parmi vous sera votre ministre : et celui qui voudra être le premier d'entre vous sera le serviteur de tous. Car en vérité, le Fils de l'homme n'est pas venu pour être servi, mais pour servir et donner sa vie en rançon pour beaucoup. (Marc x. 43-45.)

Pauvre nature humaine ! Le seul effet évident jusqu'à présent du privilège élevé accordé aux trois principaux apôtres a été d'engendrer rivalité et jalousie entre eux. Les Fils du Tonnerre font preuve d'une intolérance et d'un égoïsme qui excitent la colère des autres ; Pierre, nous pouvons en être sûrs, était inclus, puisque Pierre était la personne dont la primauté était menacée. Pierre n'avait pas encore atteint le point de l'abnégation volontaire, loin de là, comme nous le verrons tout à l'heure. La leçon de choses de notre Seigneur au moyen d'un petit enfant n'a pas encore eu de résultat sur le caractère du « Prince des Apôtres ». Il n'était pas prêt à montrer l'esprit d'un petit enfant, ni à conformer son propre caractère au cœur d'un petit enfant. Il était encore incapable de concevoir comment le premier pouvait être le dernier, ni comment le maître de tous pouvait être le serviteur de tous. La faveur que lui a témoignée son divin Maître n'a servi jusqu'ici qu'à l'élever dans sa propre estime. À partir de là, nous verrons que ce n'est qu'à travers les expériences d'humiliation et d'échec que Pierre a pu atteindre la véritable idée du service chrétien.

Le point auquel nous sommes arrivés est l'un des plus instructifs du Nouveau Testament sur la vision de notre Seigneur sur la véritable virilité. On suppose souvent que l'ambition personnelle est essentielle au progrès de la société. De grands penseurs, avant et après Jésus-Christ, ont reconnu que cette passion particulière a été un instrument dans le progrès de la société et a donc servi un objectif utile. Avant Jésus-Christ, la seule alternative à ce point de vue semble avoir été celle du devoir de quiétude, et longtemps après Jésus-Christ, la même théorie a été très répandue. Comme exemples du premier point de vue, le lecteur n'a qu'à évoquer le sentiment de l'épopée immortelle d'Homère ou les odes de Pindare, pour comprendre que l'ambition était considérée comme la qualité motrice de l'héroïsme. Lorsque cette passion égoïste était considérée comme un mal et renoncée au profit d'une théorie de la vie prétendument plus élevée, le résultat prenait presque toujours la forme d'ascétisme ou de retrait du service actif dans le monde. Aucun *via média* n'a été pensé comme possible entre une ambition profonde et la

... vertu fugitive et cloîtrée,

qui a exposé au monde un idéal si différent. Dans les cultes oniriques, mystiques et orientaux, nous voyons cette dernière tendance poussée à son extrême. Presque invariablement, le renoncement à l'ambition comme incitation à l'action humaine a entraîné la désuétude de nombreux nobles pouvoirs et dons humains. Cela a été tellement vrai que même de nos jours, avec l'idéal chrétien en notre possession, l'ambition a été considérée comme un ingrédient indispensable dans les efforts humains les plus acharnés déployés en faveur de l'humanité. Edmund Burke classe ensemble la sympathie, l'imitation et l'ambition comme moteurs du progrès de la communauté.[1] Le professeur Lecky, dans son grand ouvrage « L'histoire de la morale européenne », semble la considérer comme indispensable à une vie nationale vigoureuse. Ce grand penseur, habitué aux habitudes d'observation exacte, a sans doute raison de supposer que cette position reçoit une confirmation abondante dans le domaine de l'histoire ; mais avons-nous ainsi « appris le Christ » ?

Le fait est qu'en donnant au monde un idéal éthique plus élevé en ce qui concerne la sanction du service, Jésus a dû bien comprendre les difficultés qui l'attendaient. C'est peut-être pour cela qu'Il a été si patient avec les espoirs égoïstes de Ses disciples en ce qui concerne leur préférence personnelle. Il devait savoir que toute la tendance de l'histoire était contre le nouvel enseignement. Il nous est facile de dire aujourd'hui que l'intrusion de l'intérêt personnel dans toute bonne œuvre vicie sa valeur dans une large mesure ; mais ne devons-nous pas réfléchir que nous devons cette conception au Christ ? La société est désormais saturée de l'enseignement éthique de l'Homme de Nazareth. Nous sommes confrontés à l'observation selon laquelle, dans ses tendances morales, la société se dirige vers un idéal qui a été exposé au monde il y a près de mille neuf cents ans. Nous ne nous dirigeons pas vers quelque chose d'indéterminé dans le domaine de la morale, nous nous dirigeons vers une norme manifestée dans une vie. De plus, il nous est facile, en lisant le Nouveau Testament, de juger et de condamner hâtivement l'absurdité et le manque de spiritualité du petit groupe qui entourait Jésus. L'arrogance de Pierre et les intrigues égoïstes des fils de Zébédée nous poussent à l'impatience. Combien plus digne et plus aimable l'attitude de notre Divin Maître ! Il savait qu'une révolution morale ne pouvait s'opérer en une heure. Son objectif était de former les hommes qui devaient transformer le monde. S'il pouvait influencer les douze hommes que son Père lui avait donnés afin qu'ils sachent ce qu'ils devraient ressentir et faire, il pourrait se permettre d'être satisfait. Les portes d'Hadès ne devraient pas prévaloir contre l'avancée de l'Évangile.

Quel était alors son idéal ? Ce n'était rien de moins qu'un renoncement complet à tout intérêt personnel, sans aucune diminution de l'énergie et des efforts déployés au service du bien du monde. Jésus a rejeté l'ambition sous quelque forme que ce soit en tant que dynamique de l'aspiration et de l'effort humains . Il exigeait de ses disciples le renoncement total à soi-même, combiné à un dévouement enthousiaste au devoir de rendre le monde meilleur. Abandonner soi-même, ce n'était pas renoncer au service, c'était simplement substituer un motif supérieur à un motif inférieur. Cela explique dans une certaine mesure pourquoi le christianisme est venu remplacer les philosophies stoïcienne et épicurienne. Le stoïcisme se manifeste peut-être à son meilleur dans la vie noblement active du plus grand des Antonins . Son idéal était un dévouement rigide au devoir, celui du Christ était un service inspiré par l'amour. L'ambition est un mode de service personnel, mais si nous pouvons élargir le sens pour y inclure le principe chrétien , nous pourrions dire qu'à la place de l'ambition pour le bien de soi, le christianisme substitue l'ambition pour le bien de Dieu. Dans chaque cas, c'est l'amour envers une personne qui constitue le motif des efforts humains les plus élevés . Mais combien le principe chrétien est incomparablement plus grand et plus fort que celui qu'il a remplacé ! Toutes les choses utiles ou désirables que les hommes sont habitués à faire pour eux-mêmes, le christianisme exige qu'ils les fassent pour Dieu. Lorsque les apôtres ont finalement compris ce nouveau commandement, leur Évangile est devenu une force irrésistible, et chaque fois que depuis leur époque l'Église a réussi à faire de même, le christianisme a surgi dans une nouveauté de vie.

[1] Essai sur le Sublime et le Beau. Secte. XII.

PIERRE PENSE QUE SON SACRIFICE EST COMPLET.

Ses attentes conséquentes.

Dans les trois évangiles synoptiques, nous avons le récit d'une conversation remarquable entre Pierre et son Seigneur au sujet de la récompense promise à ceux qui prenaient service dans le Royaume de Dieu. L'occasion était particulièrement intéressante. Un jeune dirigeant riche est venu vers Jésus pour lui poser la question capitale : « Que dois-je faire pour hériter de la vie éternelle ? » Les disciples semblent avoir été très impressionnés par l'incident, Pierre peut-être le plus, car c'est dans l'Évangile de Marc que nous avons le meilleur récit de la question. Jésus, dit-il, était attiré par la simplicité, l'humilité et le sérieux de quelqu'un qui courait certainement le risque d'encourir l'odieux en s'abaissant pour demander conseil au nouveau Maître. Pierre nous a conservé dans une phrase vivante quelque chose de l'aspect même du Maître dans sa réponse finale : « *Jésus, le regardant, l'aima et lui dit : « Une chose te manque ; va, vends tout ce que tu as et donne aux pauvres, et tu auras un trésor dans le ciel, et viens, suis-moi.* "" Cette épreuve était trop difficile pour le chercheur ; il se retourna et « s'en alla triste, car c'était quelqu'un qui avait de grands biens ». Dans le discours qui suivit, le Maître, sans doute dans une veine mêlée de tristesse et de solennité, observa : « Avec quelle difficulté ceux qui ont des richesses entreront-ils dans le Royaume de Dieu ! Pierre acceptant les paroles de son Maître dans leur sens le plus littéral, à la lumière de l'incident précédent, parla de sa manière impulsive : « Seigneur, nous avons tout quitté et nous t'avons suivi. Qu'aurons-nous donc ?

Deux choses à propos de cette question ont pour nous une certaine signification. Le premier, le sentiment inadéquat de Pierre de l'étendue du renoncement qu'il avait fait, et deuxièmement, la réponse patiente et sage de notre Seigneur. Pierre considérait évidemment son renoncement et celui de ses compagnons comme complet. Ils avaient abandonné leurs filets de pêche, et dans une certaine mesure leurs maisons. Ils l'avaient fait étant entendu que Celui qui les avait convoqués était le Messie promis et le futur Roi d'Israël, et qu'il serait donc capable à l'avenir de dédommager tous ceux qui s'associaient à Lui pour leur propre perte. Nous ne devons pas supposer que ce soit le motif principal qui a attiré Simon et les fils de Zébédée vers le nouveau Prophète, mais il est très clair qu'après avoir été associés à Jésus pendant un certain temps, des espoirs ambitieux de place et de pouvoir ont commencé à prendre possession de leur cœur. Nous en avons déjà considéré un exemple. Jusqu'à présent, ils avaient mal compris le principe le plus profond de l'enseignement du Maître ; ils estimaient que l'abandon de leurs activités et de leurs possessions habituelles méritait une récompense présente et matérielle qui ne tarderait pas longtemps. D'où la question de Pierre, une question qui concernait sans doute aussi les attentes de ses compagnons. L'idée d'un renoncement à *eux-mêmes* , d'un renoncement spirituel, ne leur était pas encore apparue clairement. De notre point de vue, il est surprenant qu'ils aient si longtemps mal compris.

Si Celui à qui la question était adressée avait été comme la plupart d'entre nous, Pierre aurait reçu une autre sévère réprimande. Comme la réponse de Jésus à cette occasion est différente de la réponse sévère : « Passe derrière moi, Satan ! d'un petit moment avant ! La différence est due au fait que, dans ce cas, Pierre parlait de son propre renoncement, alors que dans le premier cas, il s'était aventuré à interférer avec celui de son Maître. Jésus répondit donc avec une patience et une gentillesse qui n'étaient possibles que pour celui qui voyait bien au-delà du moment présent. « Il n'y a personne, dit-il, qui ait quitté maison, frères, sœurs, mère, père, enfants, terres à cause de moi et à cause de l'Évangile, sans qu'il reçoive maintenant, en ce temps-ci, le centuple, maisons et frères et sœurs et mères et enfants et pays persécutés ; et dans le monde à venir la vie éternelle. Mais beaucoup de ceux qui seront les premiers seront les derniers, et les derniers premiers. Certains ont critiqué la teneur de cette réponse, arguant qu'elle laissait naître de faux espoirs à ceux qui l'entendaient, et que promettre une telle récompense revenait en tout cas à abaisser quelque peu l'idéal du service. Cependant, lorsque nous attendons avec impatience le noble accomplissement de la promesse, nous ne pouvons que penser que son esprit est tout à fait digne de Jésus. C'est une continuation de la perspicacité surhumaine qui l'avait amené à affirmer lors de sa première rencontre avec Simon : « Tu seras appelé *Rocher* ». Si l'Évangile de Marc est réellement les mémoires de Pierre, il est probable que l'histoire de cette promesse a été écrite longtemps après que Pierre ait commencé à en reconnaître le sens. Celui qui ensuite, à la Belle Porte du Temple, s'adressa à l'infirme qui lui demandait de l'argent était un Pierre plus noble que celui qui cherchait maintenant un cadeau similaire pour lui-même. "Je n'ai ni argent ni or, mais je te donne ce que j'ai. Au nom de Jésus-Christ de Nazareth, lève-toi et marche." « *Tel que j'en ai !* » Qui ne désirerait partager une possession si riche ? L'argent et l'or, leur importance sociale et politique, s'étaient évanouis dans le néant en présence du privilège de parler « au nom de Jésus-Christ de Nazareth ».

Un mortel, ami familier du péché, avoue ici
qu'il donnera à toute la récompense de la terre, mais pour
croire et enseigner humblement la foi, dans la souffrance, la
pauvreté et la honte, croyant seulement qu'il n'est pas mal
aimé .

[1] R. Browning, Pauline.

LA SCÈNE AU CÉNACLE.

Alors que le ministère terrestre de notre Seigneur touche à sa fin, l'histoire spirituelle des premiers apôtres atteint une crise. La scène du Cénacle présente pour nous un intérêt particulier à cet égard. Il est rapporté dans les quatre Évangiles de manière à établir son importance et son historicité. Comme d'habitude, le récit de Pierre lui-même est le plus frappant, mais Luc nous fournit une phrase qui nous permet d'en apprendre davantage sur la situation que les trois autres. Ceci est exceptionnel, car Luc idéalise généralement les Apôtres. Il nous dit qu'« il y eut aussi une dispute entre eux pour savoir lequel d'entre eux était considéré comme le plus grand ». On voit donc que jusqu'au Cénacle et jusqu'à la Cène avaient pénétré les jalousies, les rivalités et les ambitions de ces quelques hommes qui deviendront plus tard des héros de la Croix. Nous associons uniquement la chambre haute à des pensées de paix et de sacré, mais voici un autre aspect de la question. Il se peut bien que la petite réunion se soit terminée dans la solennité et le calme, mais elle ne peut guère avoir commencé ainsi. Le cachet de la vérité semble reposer sur le récit de Jean sur ce qui s'est passé, simplement parce qu'il exprime si naturellement la méthode de Jésus pour traiter la controverse dont Luc dit qu'elle existait. Il se leva de table et accomplit pour ses disciples la cérémonie que leur jalousie les uns envers les autres leur avait fait omettre. Le lavement des pieds avait peut-être une référence directe à la pratique future du service mutuel, mais il avait aussi une signification immédiate. Les disciples refusèrent de se laver les pieds les uns les autres, et le Seigneur et Maître d'eux tous s'acquitta lui-même de cette tâche. Peut-être que le changement de sentiment induit par cet acte simple et humble a rendu possibles les belles paroles que seul Jean nous a conservées (Jean XIII-XVII).

Cependant, au premier plan de ce discours, Jésus a échangé quelques phrases particulièrement insistantes avec Pierre. « Simon, Simon, déclara-t-il, voici, Satan t'a demandé pour te cribler comme le blé ; mais j'ai supplié pour toi, afin que ta foi ne défaille pas ; et toi, quand tu te seras retourné, affermis tes frères. » Cette déclaration de tendre sollicitude a dû être provoquée par sa connaissance de la dispute qui avait eu lieu. Sans aucun doute, il était rempli de tristesse parce que Pierre n'avait pas encore appris la leçon d'humilité et d'oubli de soi. Il a prévu l'échec, la lâcheté, le reniement, mais il a aussi prévu la repentance, la restauration et le plus grand Pierre dont la force devrait résider dans son humilité et sa volonté de se laisser conduire par l'Esprit de Dieu. Mais à ce moment-là, la dernière personne à voir la nécessité d'un tel changement était Pierre lui-même. Jésus a ensuite décrit ce qui allait arriver au petit groupe dans les temps qui suivraient immédiatement. « Vous tous, dit-il, serez scandalisés en Moi cette nuit, car il est écrit : Vous frapperez le berger, et les brebis du troupeau seront dispersées. » Pierre a immédiatement déclaré : « Même si tous seraient offensés en Toi, je ne serai jamais offensé. » Quels sentiments luttaient dans son esprit à ce moment-là, nous ne pouvons que conjecturer. Peut-être se sentait-il un peu blessé par la réprimande implicite contenue dans le lavement des pieds et dans la prophétie du criblage qui l'avait suivi. Mais plus probablement, la simple affection qu'il avait réellement pour son Maître le poussa à déclarer sa loyauté. « Avec véhémence », selon son propre récit, il persistait : « Si je dois *mourir* avec toi, je ne te renierai pas. Il pensait qu'il était possible que Jésus, face au danger à venir, ait besoin de compter sur les services d'un ami actif et courageux comme lui. Sans doute ressentait-il chacune de ses paroles, mais il sentait aussi l'importance de l'aide qu'il pouvait apporter à Jésus. Il ne lui est jamais venu à l'esprit que Jésus n'avait pas besoin de son aide. Peter avait besoin d'une leçon précise, et il ne tarda pas à l'obtenir. Le secret du vrai service consiste dans le dépouillement de soi. Il n'apprit le véritable esprit de l'enseignement de son Maître qu'après l'échec total et douloureux de ses propres promesses. Pour le moment, la seule réponse de Jésus fut : « En vérité, je te le dis, aujourd'hui, cette nuit même, avant que le coq chante deux fois, tu me renieras trois fois. »

GETHSÉMANI ET APRÈS.

Le moment du test n'était pas loin. Pierre, déterminé à montrer sa loyauté et son courage, semble avoir emporté de la chambre haute l'une des deux épées qui s'y trouvaient. Il se croyait prêt à faire face aux urgences, mais ne parvint pas, dès le début, à donner à son Maître ce dont il avait réellement besoin. Une fois de plus , nous retrouvons l'histoire la mieux racontée par Peter lui-même. Lui, Jacques et Jean étaient placés, par le désir de leur Maître, un peu plus près de Sa personne que les autres. Très pathétiquement, Jésus implorait leur sympathie. "Mon âme est extrêmement triste jusqu'à la mort. Demeurez ici et veillez." Mais ils se sont montrés incapables de le faire. Luc dit qu'ils « dormaient de chagrin », et c'est très probablement vrai dans une certaine mesure. Ils ne pouvaient pas être indifférents aux ennuis de leur Maître. Il leur avait donné suffisamment d'occasions d'observer son état d'esprit, et sans aucun doute ils l'avaient fait et étaient émus d'une sympathie affectueuse. Néanmoins cette sympathie n'allait pas jusqu'à leur permettre de participer à sa veillée. Pierre se considérait probablement comme un gardien de sa personne ; il ne pouvait pas comprendre l'intensité de l'agonie de son Maître. Mais la promesse qu'il avait faite au Cénacle était mal tenue. Même s'il n'était qu'un gardien de la personne du Christ , il aurait dû rester éveillé. Dans son propre récit de la scène , il met l'accent sur ce point : « Et il vint et les trouva endormis, et dit à Pierre : Simon, tu dors . *toi* ? Ne pourrais -tu pas veiller *une heure* ? Veillez et priez, afin de ne pas entrer en tentation. » Le reproche implicite ici fait presque certainement référence à la véhémence de la promesse de Pierre d'une loyauté supérieure. « Même si tous seraient scandalisés, moi, je ne le ferai pas. » Jésus lui rappela gentiment la promesse : et signifiait qu'il avait mal commencé dans la manière de le garder. Le Maître reconnut cependant la sincérité et la simple affection de l'Apôtre dans ses paroles finales : « L'esprit est certes disposé, mais la chair est faible. »

Même pendant que Jésus parlait, la surprise est venue. Judas et la populace armés d'épées, de bâtons et de lanternes firent irruption dans le jardin. Tout fut instantanément confusion et alarme ; seul Jésus restait calme et maître de lui. Judas s'avança et l'embrassa ; Les disciples se précipitèrent à ses côtés, Pierre tira son épée et, sans attendre d'explications, frappa le premier de la bande qui avançait. Cet acte était une pure folie ; cela aurait pu entraîner lui-même et ses compagnons dans une ruine commune. Loin de sauver Jésus, c'est Jésus qui le sauvait maintenant. Le Maître se retourna précipitamment et, d'un geste rapide, ordonna à Pierre de remettre l'épée à sa place, en disant : "Ceux qui prendront l'épée périront avec l'épée." Cette déclaration faisait sans aucun doute immédiatement référence à la témérité de Peter. Jésus a vu que n'importe lequel de ses disciples pris les armes à la main perdrait la vie. Il n'était pas nécessaire de répéter l'avertissement ; Le nouveau courage de Peter l'avait déjà abandonné. Les agresseurs semblent avoir été dans une situation similaire. Pour sauver ses disciples, Jésus les confronta et, à mesure qu'il avançait , ils reculèrent, se heurtant les uns aux autres, jusqu'à ce que, comme le raconte Jean, ils tombèrent à terre.

"Qui cherchez-vous?" demanda la victime de la haine pharisienne. "Jésus de Nazareth", répondirent-ils. "Je le suis", fut la réponse, puis, avec une prévenance et un amour dont Jésus semble seulement avoir été capable en cette heure terrible, il continua: "Si donc vous me cherchez, laissez ceux-ci partir." Pendant quelques instants, les officiers hésitèrent ; la majesté et la dignité de Celui qu'ils étaient venus saisir les envoûtaient ; personne n'aimait être le premier à l'arrêter, et Jésus dut se déclarer une seconde fois avant que les dirigeants n'osent exécuter leur mission. Cependant, au moment où cela fut fait, « tous les disciples le quittèrent et s'enfuirent ».

Jusqu'à présent, l'affirmation de soi de Peter s'était soldée par un échec, mais d'autres humiliations étaient encore à venir. Il ne supportait pas de rester dans l'ignorance du sort d'un Maître qu'il aimait réellement ; aussi, vérifiant sa fuite, quand il vit le cortège s'éloigner, il le suivit à bonne distance. Son ami et partenaire, Jean, qui semble avoir eu des amis dans la maison de Caïphe, obtint son admission et il y attendit, comme le dit Matthieu, « de voir la fin ». Toute sa bravoure l'avait maintenant abandonné ; il se trouvait dans une ville étrangère où les hommes de sa province étaient méprisés et ridiculisés. Il n'était qu'un humble pêcheur, frappé de peur en se trouvant au pouvoir des autorités ecclésiastiques et laïques. Humainement parlant, sa prochaine erreur aurait pu être prophétisée. Il a été découvert et interrogé ; dans sa stupéfaction et sa terreur, toute la grossièreté de son ancienne vie galiléenne lui revint, et, oubliant tout sauf le désir de se sauver, il renia son Maître en maudissant et en jurant. Jésus lui adresse un deuxième reproche, muet cette fois. Il « se tourna et regarda Pierre », mais ce regard suffisait. Cela l'a ramené à la raison, a mis à nu son lamentable échec, son ingratitude, sa lâcheté et ses promesses non tenues. Il voyait à quel point il était tombé au-dessous de lui-même par excès de confiance en lui-même. Le Peter de ce moment-là n'était pas le vrai Peter, après tout. Il aimait son Maître et avait couru le risque d'être arrêté et tué pour s'approcher à nouveau de Lui, mais son humiliation était totale et son abaissement intense. "Il est sorti et a pleuré amèrement." Doit-on dire que l'expérience des prochains jours a été la plus grande crise de sa carrière ? De cette profondeur d' humiliation, il est sorti qualifié pour devenir un ambassadeur et un sauveur .

LE POUVOIR DE LA RÉSURRECTION.

Nous ne savons rien de l'histoire de Pierre pendant les heures angoissantes qui se sont écoulées entre la Crucifixion et la Résurrection, mais nous pouvons croire que sa honte et sa contrition ont continué jusqu'à ce que Jésus lui-même lui souffle à l'oreille des paroles de pardon et d'espérance. Nous pouvons en déduire indirectement que Pierre a dû être humilié par le souvenir de sa propre vantardise en présence des autres apôtres, car nous le trouvons toujours en association avec eux. La petite compagnie semble avoir tenu bon pour pleurer leur Maître disparu et s'entraider dans une sympathie commune. Que Pierre devait être avec eux ressort clairement du fait qu'il était mentionné nommément aux femmes qui visitaient le tombeau le premier jour de la semaine. "Allez dire à ses disciples *et à Pierre* qu'il vous précède en Galilée." Lorsque nous considérons que Pierre était toujours associé à ceux qui avaient écouté son affirmation confiante de supériorité sur eux- mêmes , nous pouvons discerner quelque chose de plus que du remords dans son comportement . Il y a la preuve d'une nouvelle humilité, et pourtant en même temps d'une continuation d'une tendre affection pour le Seigneur qu'il croyait pleinement ne plus jamais revoir.

Il y a un incident dans lequel Jésus a été impliqué après la résurrection et dont il n'y a aucune trace – il ne pourrait y en avoir aucun. Il s'agit du premier entretien entre Jésus et Pierre après la Résurrection. Les disciples présents dans la chambre haute furent informés que le Seigneur était apparu à Simon. Ce qui s'est passé lors de cette première réunion, nous ne pouvons jamais l'imaginer ; ce devait être une période si sacrée et si solennelle que Pierre ne serait pas susceptible d'en dire grand-chose à ses frères. La prévenance aimante de Jésus lui a ordonné de rechercher son disciple humilié et affligé afin de lui assurer le pardon et la restauration. Leurs rapports sexuels devaient être très intenses et sacrés. A partir de ce moment, Pierre devint un personnage grand et noble ; sa discipline n'a pas servi à rien, sa recherche de soi est terminée ; l'ambition n'a pas de place dans son esprit pour l'avenir ; l'arrogance et la confiance en soi ont dû désormais faire place à une humilité née du souvenir de sa lâcheté et de son misérable échec. Quand, plus tard, il écrivit pour guider les saints, il écrivait du plus profond de sa propre expérience : « Oui, vous tous, ceignez-vous d'humilité pour vous servir les uns les autres, car Dieu résiste aux orgueilleux, mais il fait grâce aux humbles . " (1 Pierre v. 5).

L'apparence d'authenticité repose sur cette histoire du Nouveau Testament. Dans sa simplicité idyllique et sa fidélité aux faits de la nature humaine, il contraste nettement avec les légendes fallacieuses et non autorisées sur Jésus et ses apôtres dont abondait l'époque sous-apostolique.

L'Église n'a pas perdu grand-chose, selon toute probabilité, par l'oubli dans lequel ces petits évangiles ont été enterrés. Les découvrir maintenant serait sans aucun doute utile en jetant la lumière sur des problèmes critiques concernant les textes existants du Nouveau Testament, mais ils ne pourraient rien ajouter aux récits doux et naturels de l'histoire spirituelle des hommes qui ont guidé l'Église primitive. . Nous connaissons mieux Pierre grâce aux pages des quatre Évangiles que grâce aux récits légendaires. Indirectement, cette fidélité des récits évangéliques est d'une grande aide pour établir leur historicité. Rien n'est caché, ou atténué, de ce que nous devrions savoir, rien de ce qui tendrait à représenter les Apôtres comme surhumains ou exceptionnels dans leur caractère élevé n'est imposé à notre attention ; il nous est permis de voir Pierre tel qu'il était réellement, un homme rendu noble par la grâce de notre Seigneur Jésus-Christ.

Ce qu'il était, nous le sommes. L'ambition, la recherche de soi, la confiance en soi ont été, tout au long de l'histoire de la chrétienté, les défauts les plus graves des caractères les plus forts. Parfois ces vices se sont manifestés sur une grande échelle, le plus souvent leur portée a été mesquine et mesquine. Les péchés de l'Église catholique, tels qu'ils ont été peints par un Bernard ou une Catherine de Sienne, se retrouvent dans de nombreux petits Béthel de l'Angleterre protestante d'aujourd'hui. La simonie n'est pas inconnue parmi les ministres du Christ, même dans les rangs du Non-conformisme . Il n'est pas rare que ces tendances pécheresses soient alliées à un désir véritable et sincère de servir le Maître. Ils constituent néanmoins un obstacle sérieux, non seulement au caractère chrétien, mais aussi à l'effet du service chrétien ; l'esprit dans lequel un homme accomplit son travail a la plus profonde influence sur le bon résultat de ce travail. Lorsqu'un homme est sincère dans son désir de faire le bien, et pourtant en même temps, à quelque degré que ce soit, victime de sa propre confiance en lui ou de son égoïsme, il est tôt ou tard amené au point où il doit choisir entre son désir et son désir de faire le bien. et sa pratique. Dans presque tous les cas, la nécessité de ce choix lui est révélée par une discipline rigoureuse. Le cas de Pierre se répète encore et encore dans la vie des serviteurs de Dieu. Il est difficile de déloger le soi de son poste d'observation dans le domaine des motivations humaines. Il serait difficile de trouver une Église dans laquelle l'égoïsme ou la jalousie n'auraient ni place ni influence, et il est extrêmement difficile, même pour un homme bon et vrai, de ne pas se sentir exalté par l'admiration ou déprimé d'être dépassé. Mais le remède à ce genre de sentiment est certainement inclus dans la nature même du service chrétien. Il n'y a absolument aucune relation entre l'excellence morale et sa reconnaissance par le monde. Nous avons concédé quelque chose au monde lorsque nous considérons ses applaudissements comme un objet de désir. Il est plus facile de se passer de tels applaudissements et de travailler dans l'obscurité que de ne pas en être affecté une fois qu'ils ont été accordés. Il est encore plus difficile pour un homme de se retirer d'une position et d'un devoir dans lequel il a noblement et bien accompli, et de voir ensuite son évêché pris par un autre. Tôt ou tard, cette expérience revient à la plupart des héros de Dieu ; il serait donc bon qu'ils le reconnaissent à l'avance, en calculent le prix, connaissent leur propre esprit et rendent inutile la discipline rigoureuse qui accompagne la découverte de soi. Quand Dieu veut nous utiliser, comme il voulait utiliser Pierre, il ne nous épargne jamais. Jésus ne pouvait pas se permettre de laisser Pierre suivre sa propre voie, et c'est pour cette raison que le prince des Apôtres est devenu un instrument du bien, mais comme par le feu.

UNE NOUVELLE COMMISSION.

Bien que notre Seigneur ait, d'une manière si belle et si réfléchie, restauré en privé son pauvre disciple humilié, Pierre avait encore une discipline nécessaire à subir. Il avait péché en présence des autres, il fallait que les autres connaissent la nouvelle entente entre son Maître et lui. Seul Jean a conservé le récit de la conversation au cours de laquelle cette nouvelle compréhension a été déclarée. Mais Pierre lui-même y fait clairement référence dans sa deuxième épître (i ., 14). Jean nous raconte dans le dernier chapitre de son Évangile que Pierre et quelques habitués du cercle allaient pêcher sur le lac de Tibériade. L'annonce de Pierre : « Je vais à la pêche » a parfois été interprétée comme impliquant qu'il était déterminé à renoncer à l'apostolat et à retourner à son ancienne vie, qu'en bref, il était déçu de la récompense de suivre Jésus et désenchanté par la vision de un Royaume de Dieu. «Je vais à la pêche» a donc été interprété comme signifiant: «J'abandonne ces rêves; ils ne m'ont apporté aucun avantage; je retournerai à mon bateau de pêcheur et à ma maison de pêcheur». Il est difficile de voir quelle est la justification de cette théorie. Peter poursuivait simplement des habitudes auxquelles il n'avait jamais entièrement renoncé. Ni lui ni Jean n'avaient l'intention d'écarter toute pensée concernant Jésus ou d'abandonner son service lorsqu'ils se sont lancés dans cette expédition de pêche particulière. Au contraire, il est probable que leurs esprits, leurs cœurs et leurs conversations étaient pleins des merveilles qui s'étaient produites depuis que la vision des anges les avait informés que Jésus était vivant. Sans aucun doute, ils étaient pleins d'attentes quant au lieu et à l'heure de sa prochaine apparition. Vers l'aube, alors qu'ils approchaient du rivage, ils aperçurent quelqu'un debout sur la plage, qu'ils reconnurent bientôt comme étant le Seigneur. Jean fut le premier à le reconnaître et le dit à Pierre, qui sauta aussitôt dans la mer et alla vers lui. Jésus avait préparé un repas pour les disciples affamés et attendit qu'ils aient rompu leur jeûne avant d'aborder le sujet sérieux qui occupait son esprit et peut-être celui de Pierre.

Il est possible que Pierre ait eu une certaine connaissance de ce que Jésus avait l'intention de dire, mais pas de la forme sous laquelle cela devait être dit. Lors de l'entretien précédent, plus privé, le Maître avait très probablement signifié au disciple que les protestations qu'il avait faites en présence d'autres personnes dans la chambre haute devraient être évoquées à nouveau en présence de certains au moins de ceux qui avaient été informés en premier. je les ai entendus. Il ne pouvait donc pas être surpris des trois questions qui lui étaient désormais adressées. "Simon, fils de Jean," dit le Maître, " m'aimes -tu plus que ceux-ci ([grec : *agapáo*]) ?" Simon, désormais humilié, répondit en termes humbles en faisant appel à la connaissance personnelle que Jésus avait de lui, et en particulier, peut-être, à leur précédente conversation privée. « Oui, Seigneur, dit-il, tu sais que je t'aime » ([grec : *philô*]). La référence à la chambre haute apparaît clairement à la fois dans la question et dans la réponse. Dans le premier cas, Simon avait revendiqué une supériorité en matière de dévotion. Il avait offert à son Maître la fidélité d'un soldat à son capitaine ou d'un ami à son ami. Il avait supposé que son aide était importante pour Jésus ; il avait proposé de se consacrer en patriote à son pays ou en héros à une cause. Jésus le lui rappelait maintenant par l'utilisation d'un seul mot ([grec : *agapas*]). La version anglaise du Nouveau Testament de ce passage ne parvient pas à en transmettre toute la signification. Pierre abandonna toute sa position ; il n'avait pas l'intention de faire plus que d'affirmer ce que le Christ savait déjà, à savoir que même au milieu de sa vantardise, de son abandon et de son reniement, il avait très réellement et véritablement aimé son Maître d'une affection profonde et tendre. C'est ce qu'il a exprimé dans sa réponse prudente par l'utilisation du mot [grec : *philô*].[1] En effet, il offre désormais l'amour qu'un enfant peut donner à un parent. Il est conscient qu'il ne peut conférer aucun bénéfice à Christ, ni lui rendre aucun service au-delà des pouvoirs des autres. Très humblement, il affirme donc que son cœur est vrai. Il aime son Maître et son Maître le sait.

Jésus pose trois fois la même question, donnant à chaque fois suite à la réponse en confiant à Pierre une nouvelle et glorieuse mission. Il devait nourrir les agneaux et soigner les moutons. Comme Pierre l'avait renié trois fois, maintenant il est interrogé trois fois sur sa loyauté. Le troisième test était le plus proche. Jésus reprend la propre parole de Pierre et lui demande « [grec : *phileis me*] ». Le récit continue en disant que Pierre était attristé parce qu'on lui demandait pour la troisième fois « M'aimes -tu ? Nous voyons ici, cependant, que la source de son chagrin était que Jésus semblait douter de son humble utilisation du mot le plus humble qu'il pouvait trouver pour exprimer son affection immuable pour le Maître qui l'avait restauré à son meilleur moi. Jésus avait insisté sur la question en adoptant la parole de Pierre, et la réponse sincère qui suivit le satisfit. « Oui, Seigneur, dit le pauvre Simon, tu sais toutes choses ; tu sais que je t'aime. Alors Jésus dit : « Pais mes brebis. » Pierre, même s'il le savait à peine, était maintenant plus prêt à servir qu'il ne l'avait jamais été auparavant. Le Christ avait accepté le service de quelqu'un qui estimait désormais sa propre valeur si basse. Désormais, en effet, il sera pêcheur d'hommes. Il avait fallu beaucoup de temps pour amener Pierre à ce point, mais Jésus l'avait prévu lors de leur première rencontre à Bethabara, au-delà du Jourdain. Très patiemment, il l'avait formé depuis l'heure où, avec une perspicacité prophétique, il avait dit : « Je ferai de toi *un* pêcheur d'hommes ». Maintenant, en effet, il pouvait le mettre au travail. Il pouvait désormais lui confier le devoir sublime d'être le roc sur lequel l'Église naissante devait reposer.

[1] Quelle que soit la langue dans laquelle ils ont été parlés à l'origine, il existe une présomption presque certaine que l'utilisation prudente de ces mots dans le grec de l'Évangile de Jean correspondait à la nuance de sens employée à la fois par Jésus et par Pierre.

LE PRINCE DES APÔTRES.

Les dernières paroles de Jésus à Pierre, telles que nous les trouvons dans le 21 saint Jean, ne pouvaient s'adresser qu'à quelqu'un qui avait avancé bien au-delà du point où l'aisance, l'honneur ou la richesse étaient considérés comme des motifs de service dans le Royaume de Dieu. Quel contraste entre Pierre qui demandait : « Qu'aurons-nous donc ? et Pierre à qui l'affirmation solennelle a été faite : « En vérité, en vérité, je te le dis, quand tu étais jeune , tu te ceignais et tu allais où tu voulais ; mais quand tu seras vieux, tu étendras les mains, et Un autre te ceindra et te portera là où tu ne veux pas. Or, il a dit cela , signifiant par quelle manière de mort il devait glorifier Dieu. Et après avoir dit cela, il lui dit : Suis-moi. Ici encore, il y a une référence distincte au « Lo, nous avons tout quitté et nous t'avons suivi » d'autrefois. Pierre est maintenant informé qu'il doit s'attendre aux coups, à l'emprisonnement et au martyre. Il doit glorifier Dieu dans les souffrances et dans la mort. Il ne peut plus se méprendre sur le sens de la mission et de l'œuvre du Christ pour et parmi les hommes. "Suis-moi!" » signifiait plus maintenant que la première fois qu'il l'avait entendu au bord du lac de Galilée. Le Calvaire avait fourni l'interprétation. La nouvelle mission de Pierre commença à la Croix. Une place importante dans le Royaume lui avait été accordée, mais cette place importante était une place importante dans la souffrance. Il devait être avant tout, non pas dans l'aisance, la réputation ou le pouvoir, mais d'abord dans les difficultés, les dangers et les épreuves de la petite communauté qu'il devait désormais diriger. Dans la deuxième épître de Pierre Ier . 14, il y a une confirmation pathétique dans les propres paroles de Pierre de la charge solennelle qui lui a été adressée par le lac de Tibériade : « Je pense qu'il est juste, tant que je suis dans ce tabernacle, de vous remuer en vous rappelant ; que le renvoi de mon tabernacle arrive rapidement, comme notre Seigneur Jésus-Christ me l'a signifié. Oui, je veillerai à ce qu'à tout moment, après mon décès, vous puissiez vous souvenir de ces choses.

Un ou deux exemples pourraient être cités ici comme preuve du nouvel esprit qui animait celui qui était maintenant prince des Apôtres. Dans Jean XXI. 20-23, nous nous avons donné en quelques mots le premier exemple du nouveau désir d'abnégation de Pierre. "Pierre, se retournant, voit suivre le disciple que Jésus aimait... Pierre, le voyant donc, dit à Jésus : Seigneur, et que fera cet homme ? Jésus lui dit : Si je veux qu'il tarde jusqu'à ce que je vienne, que fera-t-il ? est-ce pour toi ? Suis-moi. Curieusement, cet incident a été diversement mal interprété. Pierre a été accusé de vaine curiosité ou de semi-insatisfaction face à la comparaison de son propre sort difficile avec la fortune probablement plus heureuse de l'apôtre Jean.[1] La réponse de Jésus à la question a donc été représentée comme une réponse acerbe et bien- une réprimande méritée. Il est difficilement possible qu'aucune de ces explications ne représente la véritable situation. La vérité semble plutôt être que Pierre a reculé devant la nouvelle responsabilité et l'importance qui lui avaient été assignées, et serait volontiers devenu un disciple de son ancien rival, maintenant son compagnon et ami. Jean était le disciple qui comprenait le mieux son Maître, celui « que Jésus aimait ». Il avait été présent avec Pierre sur le mont de la Transfiguration, à Gethsémani et dans la maison de Caïphe. Autrefois, Pierre avait été jaloux de lui, et cette jalousie avait conduit à des conflits entre les disciples. Il n'était plus d'humeur à s'efforcer d'obtenir une préférence. Le disciple que Jésus aimait avait, pensait-il, un meilleur droit que lui de garder les brebis et de nourrir les agneaux. Jean était le seul qui n'avait pas entièrement abandonné son Maître ; il l'avait suivi jusqu'au procès de minuit, il avait été présent à la Crucifixion et y avait reçu une mission pathétique : prendre soin de la mère de Jésus. Pierre sentait maintenant que Jean était un dirigeant de l'Église apostolique plus digne que lui-même ne pouvait espérer l'être. Sans doute l'arrestation de Jésus les avait rapprochés davantage. Jean lui avait rendu service en obtenant son admission dans la maison de Caïphe. Il était probablement resté avec lui pendant les heures sombres précédant le matin de la résurrection ; il l'accompagna au tombeau ; il était avec lui maintenant. Comment Pierre pourrait-il mieux illustrer son humilité que par son refus de prendre la priorité sur un homme dont il avait maintenant pleinement prouvé la véritable noblesse et la générosité ? La réponse de Jésus donne en termes très brefs une prévision de la fonction de Jean dans le Royaume et souligne à nouveau pour Pierre l'importance d'une obéissance inconditionnelle. Il dit en effet : la commission de Jean n'affectera pas la vôtre. J'ai choisi. Supposons que le vôtre soit chargé de lutter et de diriger, et le sien de rester debout et d'attendre ? Comment sa mission affectera-t-elle votre fidèle libération ?

L'histoire montre à quel point Pierre et Jean ont accepté les postes qui leur étaient attribués immédiatement après. Peter conduisait la camionnette, John servait en silence. Leur amitié s'est poursuivie et élargie. Pour l'avenir, nous entendons beaucoup parler de « Pierre et Jean ». Ces deux-là ont commencé une nouvelle amitié. Jean partagea la punition de Pierre ; si Pierre parlait seul, Jean emportait les emprisonnements avec lui. Comme ils avaient été ensemble sur le mont de la Transfiguration, ensemble à Gethsémani, ensemble dans la salle de Caïphe, ainsi maintenant ils restèrent ensemble en esprit jusqu'au jour du martyre de Pierre. (Actes iii. 1-iv.)

Dans un certain sens, nous avons maintenant atteint le début plutôt que la fin de la vie et de l'œuvre de l'apôtre Pierre. À partir du moment où la plupart des détails concernant sa personnalité cessent d'être fournis dans le Nouveau Testament, commence l'œuvre étonnante dont il fut en un sens le chef et l'inspirateur. Quelques pêcheurs galiléens se sont mis au travail pour bouleverser le monde. Le vaste et vénérable tissu de l'Église chrétienne repose sur les fondations que nous avons envisagées. Cette révolution opérée dans l'histoire du monde est un miracle moral. La tâche tentée était prodigieuse. Ni Pierre ni ses compagnons n'auraient pu en estimer l'ampleur ni prévoir son triomphe. Qu'il doive lui-même être considéré comme le premier et le plus grand de la longue lignée des pontifes souverains de l'Église romaine, nous pouvons en être sûrs ne lui est jamais venu à l'esprit. Il a entrepris sa tâche avec foi, laissant les résultats au grand Maître qu'il servait. Comparé au grand Apôtre des Gentils, il n'était ni sage ni instruit ; il n'était qu'une des choses faibles de la terre choisies pour confondre les puissants. Le Saint-Esprit reposait sur lui pour le service. Il était un instrument volontaire que Dieu pouvait utiliser parce que la recherche de soi était entièrement bannie de ses motivations et de ses désirs. Comment cela est arrivé, nous venons de le voir. C'est Jésus qui a fait de Pierre ce qu'il était. Jésus a cru en lui dès le début, l'a connu mieux que lui-même et s'est tourné vers le Pierre qui devait être plutôt que vers le Simon qui était. Jésus l'a traité avec une patience et un amour qui nous émerveillent. Qui d'autre que Jésus aurait pensé que cela valait la peine de le faire ? Ce qu'il a fait pour Simon le pêcheur, il peut encore le faire pour tous ceux qui se soumettent à lui. Il n'y a rien d'impossible avec Christ. Le plus faible et le plus pécheur d'entre nous a une valeur infinie pour Lui. Combien d'entre nous sont des saints en devenir ! Puisse l'histoire de ses relations avec une vie nous conduire tous à la même expérience d'obéissance fidèle et aimante. Puissions-nous répondre, même en cas de trébuchements et d'échecs, à sa gracieuse invitation : « Suivez-moi ! Il nous conduira de force en force, nous apprendrons de Lui et trouverons le repos pour nos âmes.

[1] Bruce, « Formation des Douze », p. 511.

Milton Keynes UK
Ingram Content Group UK Ltd.
UKHW050924170424
441314UK00004B/202